GASPARD MONGE

ET

L'EXPÉDITION D'ÉGYPTE

PAR

DE PONGERVILLE

de l'Académie française

EXTRAIT DE LA *REVUE AMÉRICAINE ET ORIENTALE.*

PARIS

CHALLAMEL AINÉ, ÉDITEUR

RUE DES BOULANGERS-SAINT-VICTOR, 30

1860

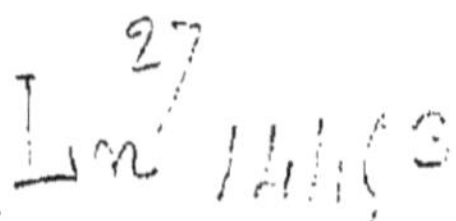

GASPARD MONGE

ET L'EXPÉDITION D'ÉGYPTE.

Gaspard Monge, l'un des savants les plus célèbres d'un époque fertile en hommes extraordinaires, est né à Beaune, en 1746, d'un père à qui la justesse de l'esprit et les qualités du cœur tinrent lieu de rang et de fortune; ce digne homme employa tout ce qu'il possédait pour donner à son fils une instruction convenable à sa rare intelligence. Le jeune Monge, au collége de sa ville natale, remporta les premiers prix dans toutes les facultés. A ses études littéraires, il joignit la culture des mathématiques, de la chimie, de la mécanique et de la géométrie. Ses succès précoces et multipliés le firent remarquer par les Oratoriens de Lyon, qui lui confièrent la chaire de physique de leur célèbre établissement. Ses rares talents, son caractère, sa conduite, inspirèrent aux Oratoriens le désir de s'affilier ce jeune homme, qui lui-même voyait dans ce dessein le moyen de se consacrer aux sciences et de venir en aide à sa famille. Il était prêt à entrer dans les ordres, lorsqu'il reçut de son père une lettre contenant des conseils donnés avec amour et sagesse : il en reconnut le prix, et revint aussitôt dans sa famille.

A peine âgé de seize ans, on avait vu Monge lever le plan de sa ville natale, en s'aidant d'instruments géométriques fabriqués de ses propres mains. Le travail du jeune homme resta exposé dans l'hôtel-de-ville de Beaune. Un officier supérieur du génie[1], traversant la Bourgogne, vit cet ouvrage avec

---

[1] Le lieutenant-colonel du génie Vignau.

surprise, et proposa à l'auteur d'entrer à la fameuse école de Mézières. Avec l'adhésion de son père, il accepta.

Les qualités de l'élève furent bientôt appréciées; mais, malgré l'estime qu'il inspirait, il eut à surmonter de nombreuses difficultés, il subit toutes les épreuves de sa position. Son courage égala son amour des sciences, et son esprit éminent s'affermit dans la lutte. Il avait la conscience de ses forces et ne se rebutait jamais : il fut chargé d'un calcul dont les éléments avaient été fournis par l'état-major de l'école. Bientôt il présenta son travail au commandant supérieur; après un premier aperçu, cet officier refusa de l'examiner. Pourquoi, disait-il, me donnerais-je la peine de soumettre une solution imaginaire à de pénibles vérifications? L'auteur n'a pas même pris le temps de grouper ses chiffres : je puis croire à une grande facilité de calcul, mais non à des miracles! Le jeune calculateur, réservé et calme, avoua qu'il concevait les doutes de son chef; aussi je ne demande, dit-il, que l'examen rigoureux du système que j'ai adopté. Ce système, scrupuleusement étudié, fut reconnu comme offrant la voie la plus courte et la plus facile. Un emploi de répétiteur de mathématiques récompensa cette heureuse innovation, qui enrichit la science.

Monge succéda à Bossut, puis en 1772, à l'abbé Nollet, comme répétiteur et professeur ; rapide et précis, il dédaignait dans son exposition l'élégance emphatique qui étonne et n'instruit pas. Il ne trouvait, disait-il, aucune différence entre un langage affecté et ce qui est absolument mal dit. Il ne visait qu'à démontrer clairement; il mettait ainsi à la portée de toutes les intelligences les plus profonds secrets scientifiques, et parvenait à faire pénétrer la vérité dans les esprits les plus rebelles. Lagrange admirait sa méthode d'enseignement. Il avouait qu'il ne connaissait bien et n'appréciait la géométrie descriptive que par les démonstrations de Monge. On a dit de lui : D'autres parlent mieux, personne ne professe aussi bien.

Remarquable par ses profondes connaissances, il le fut aussi par ses mœurs et la noblesse de son caractère. Il avait pour principe que tout homme d'honneur doit être le défenseur des honnêtes gens absents. Obligeante et facile, son aménité n'altérait pas sa rigoureuse franchise. Le maréchal de Castries, ministre de la marine, dit à Monge : «En refusant un candidat qui appartient à une famille considérable, vous m'avez suscité beaucoup d'embarras. — Monseigneur, vous pouvez faire admettre ce candidat, mais en même temps, il vous faudra supprimer la place que je remplis.» Le ministre céda. Napoléon qui, dans la suite, le connut si bien, disait que Monge était l'honneur français personnifié.

Depuis ses débuts, tous ses travaux forment une série de savantes conquêtes ; il fut admis à l'Académie des Sciences en 1780. Les sciences, à cette époque, brillaient d'un vif éclat, au milieu même des perturbations que déjà causaient les intrigues politiques. Dans tout le royaume se propageaient de sourdes menées ; des murmures populaires circulaient comme les vents précurseurs des orages. Les abus, restes des vieux temps, subissaient de rigoureux examens. On en discutait hardiment la légalité, au nom de la raison publique. Les prétextes abondaient : l'immoralité des règnes précédents, la licence princière, la cupidité, l'intolérance sacerdotale, l'inégale répartition de certains droits, trouvaient des censeurs dans toutes les classes ; et les meilleurs esprits adoptaient volontiers les théories d'une philosophie dont le rêve philantropique promettait le perfectionnement absolu de la société. Les regards se tournaient avidement vers un avenir réformateur. L'amour du bien public devenait une passion, un culte, qui avait son fanatisme. On invoquait, avec une menaçante impatience, un changement dans l'édifice politique. 89 éclata. Trois ans plus tard, l'édifice s'écroula dans le sang.

La France, menacée à la fois par l'étranger et par ses propres enfants, n'est bientôt qu'une immense anarchie. Le peuple foule aux pieds la souveraineté légitime, avec d'autant plus de fureur qu'il l'avait plus respectée. Un gouvernement improvisé devient le seul guide de la nation, et quelle que fût son origine, ce gouvernement établit l'ordre dans le désordre. Intelligent, présomptueux, il se flatte de résister à tout, de triompher de tout. La nécessité est sa loi; abandonné à une audace inflexible, il s'élance à son but, sans crainte, sans pitié, sans remords. Il choisit des hommes faits pour inspirer la confiance; il les contraint, au nom de l'intérêt du pays, de remplir les hauts emplois. Monge est appelé au ministère de la marine. Le savant refuse; on le presse, il hésite. Il se sentait déjà dans cette haute sphère, où l'éminence des dignités ne vous élève plus. Ce n'était pas comme administrateur qu'il aspirait à servir l'État. Il avait dû remarquer que les esprits supérieurs ne changent pas de carrière impunément. La marche mesurée des affaires, leur lenteur scrupuleuse, sont opposées à la promptitude de l'imagination, à la vivacité aventureuse de la pensée créatrice de l'homme d'art et de science. L'un des plus grands génies du siècle, l'auteur de la mécanique céleste, ne toucha qu'en passant au ministère. Le doigt savant qui avait sondé les abîmes de l'espace, s'égarait dans les dossiers administratifs. Monge qui, deux fois, n'avait pu faire accepter sa démission, ne conserva le ministère que peu de mois. Hélas! ce court passage au pouvoir lui devint fatal. Ce fut dans ce laps de temps que la Convention, dont il n'était pas membre, prononça le terrible jugement du 21 janvier.

La tourmente révolutionnaire s'accroît avec une nouvelle fureur, l'Europe entière s'émeut et va fondre sur la France. Le gouvernement, sans argent, sans crédit, demande à la patrie quatorze armées, il les obtient. Un million de guerriers se lèvent : mais ils manquent d'armes. Jusque-là, le fer, le bronze, l'acier, presque tous les métaux nécessaires à

la guerre, et la poudre même, étaient fournis par l'étranger.
L'importation en est devenue impossible. Inépuisable en ex-
pédients, le gouvernement fait un appel à la science. Des
hommes animés de patriotisme, riches de savoir, se présen-
tent, et, par leur ingénieuse intrépidité, deviennent les héros
du courage civil. Au milieu de cette élite, Monge déploie les
ressources de son génie. « Tout ce qui est utile au triomphe
de nos soldats, tout ce que l'on demandait jadis à l'étranger,
est renfermé dans notre sol, dit le célèbre physicien ; il s'agit
de l'en arracher. » A sa voix, métallurgistes, mécaniciens,
chimistes, se placent à la tête d'une légion de travailleurs, et
dirigent jour et nuit la fabrication d'armes de toute espèce.
Les cloches se transforment en canons ; le fer durcit en
acier ; le salpêtre est extrait des caves, des étables, des
bergeries. Les procédés les plus simples sont mis en usage,
et des milliers de mains s'apprennent à le cristalliser, à le
broyer. Une immense quantité de poudre remplit les maga-
sins ; et de nombreux arsenaux vont seconder la valeur française, Monge est partout, il anime tout, il ordonne, il conseille,
il guide les travailleurs. Il s'est chargé spécialement de la
fonte et du forage des canons ; surtout du raffinement de
l'acier, art nouveau, dont la France lui est redevable. Chacun
de ses essais est un progrès pour la science.

Les grandes agitations de la vie de Monge redoublaient
la puissance de son esprit fécond ; il sentait combien
la science, l'art, l'industrie offraient de secours à la cause
nationale. De concert avec ses confrères, Berthollet et
Fourcroy, il voulut centraliser l'instruction pour tous les
travaux publics, et soumettre à des leçons communes les
élèves destinés au génie civil, à l'armée, à la marine. Il
rassembla dans une maison, louée à ses frais, des jeunes
gens déjà instruits, afin de les perfectionner, avec émula-
tion, dans les mathématiques, la géométrie et la géographie
descriptive. Cet établissement fut le prélude de l'école cen-

trale des travaux publics, qui prit bientôt un si heureux développement sous le titre célèbre d'École Polytechnique.

Monge, se rappelant tout ce qu'il avait observé d'ingénieux, d'utile à l'école de Mézières, l'introduisit en le perfectionnant, dans sa nouvelle école, qui devint ainsi la continuation améliorée de l'établissement de Mézières. Seul alors en Europe, ce grand mathématicien pouvait parler avec autorité de la géométrie descriptive, dont il était, pour ainsi dire, le créateur, et dont il rendit l'étude universelle.

Pendant les années 1794 et 1795, Monge donna des leçons qu'une diction animée, précise, logique, gravait profondément dans l'esprit de ses élèves. L'un de ses doctes contemporains, arbitre compétent, affirme que Monge se soutenait à côté des plus brillants professeurs et s'exprimait avec une éloquence neuve comme la science qu'il répandait.

Pendant son ministère, Monge reçut un jeune militaire, sans emploi, et seulement attaché, sous les auspices de Barras, au comité des opérations de la guerre. Après la journée du 13 vendémiaire, cet officier, qui s'était montré l'habile défenseur du principe de l'autorité, fut tout à coup nommé commandant en chef de l'armée d'Italie. Grâce à lui, un voile de gloire couvrit les scènes révolutionnaires. Nos triomphes dans la contrée des arts en ranimèrent le goût et l'étude. Une commission, dont Monge faisait partie, fut chargée de réunir et de conserver les monuments du génie italien.

A son arrivée en Italie, il fut présenté au général en chef : « Permettez-moi, lui dit Bonaparte, de vous remercier de l'accueil qu'un jeune officier d'artillerie, inconnu, et quelque peu en défaveur, reçut, en 1792, du ministre de la marine. Cet officier lui a conservé une profonde reconnaissance; il est heureux de vous présenter aujourd'hui une main amie. » Depuis ce moment l'affection du héros a tenu une place considérable dans la vie de Monge.

Il se forma entre ces deux hommes éminents une liaison intime. Bonaparte pour honorer le savant, le chargea, accompagné de Berthollet, de porter à Paris le traité de *Campo-Formio*, traité résultat de tant de victoires, qui donnaient à la France ses limites naturelles, les Alpes et le Rhin. La France, partout respectée, ne connaissait plus d'ennemis que les Anglais.

Le jeune général Duphot, en 1797, fut assassiné à Rome à côté même de notre ambassadeur, Joseph Bonaparte. La population romaine indignée, demanda l'abolition de la puissance temporelle du pape et le rétablissement de la République romaine.

Monge, Daunou et Florent furent envoyés sur les lieux ; et Masséna, qui commandait un corps d'armée dans les Romagnes, considéra l'établissement de cette république comme un fait accompli ; il ne restait qu'à déterminer la forme de son gouvernement. On proposa, au nom du Directoire, la constitution dite de l'an III. La durée en fut courte. Les commissaires, à qui on reprocha les vices de cette œuvre éphémère, n'en pouvaient être responsables. Leur fermeté prudente empêcha beaucoup de mal et produisit beaucoup de bien. Ils réfrénèrent la fougue d'un peuple exalté sans conviction, et féroce sans courage.

Le guerrier destiné à rendre à la France la splendeur monarchique, devait, avant l'accomplissement de sa mission, aller vers l'Orient recueillir des palmes nouvelles. Le pacificateur de l'Europe couvait dans sa pensée la conquête de l'Égypte. Le gouvernement directorial n'eut pas, ainsi qu'on l'a prétendu, le mérite de ce grand dessein. Bonaparte, qui l'adopta, n'en est pas non plus le créateur, mais son génie s'en empara. Il faut, pour en trouver le véritable auteur, remonter au dix-septième siècle. A cette époque, la France empruntait à l'Europe toutes ses grandes intelligences. Le philosophe Leibnitz fit remarquer au gouvernement les avantages de la possession d'une riche contrée, qui ouvrirait l'Orient au commerce français. Les vues présentées par Leibnitz furent accueillies, mais le règne de Louis XIV, si brillant à ses débuts, si riche en grands talents, subit le rapide abaissement de l'intolérance fanatique. Troublé, appauvri par les proscriptions, menacé par l'étranger, l'État ne put s'occuper du dessein de Leibnitz. Dans le siècle suivant, le ministre Choiseul sentit l'importance du projet, et le présenta au gouvernement Pompadour, qui ne le comprit point et le rejeta.

En 1795, soit réminiscence, soit heureuse inspiration, l'ambassadeur français à la Porte-Ottomane avait engagé notre ministre des affaires étrangères à s'emparer de l'Égypte. Le consul français à Alexandrie fut chargé de prendre des mesures, de concert avec l'ambassadeur, pour préparer une conquête, regardée comme facile, du moins selon leur correspondance. Ces diplomates se réduisaient d'ailleurs, par un moyen terme, à une occupation momentanée, consentie par la Turquie. Cet important dessein, connu du général Bonaparte, préoccupa sa pensée. On l'entrevoit dans une proclamation du 27 septembre 1797, adressée à l'armée navale de l'Adriatique, commandée par l'amiral Bruéis. « Avec vous, dit le chef, nous traverserons les mers, et la gloire « française éclatera dans les plus lointaines régions... » Il voulait faire pour l'Égypte ce qu'il avait déjà exécuté pour les îles Ioniennes. Monge qui, dans son passage au ministère, avait connu, sans doute, le projet renouvelé par Choiseul, vivait alors dans la plus complète intimité avec Bonaparte ; il dut s'entendre avec son héroïque ami, sur l'accomplissement de cette entreprise, et son ascendant put déterminer l'adhésion du Directoire, qui voyait peut-être plus qu'un espoir de conquête, dans l'éloignement du grand général, que déjà il redoutait.

Bonaparte, dans ses entreprises, aimait à frapper l'imagination du public, et saisissait volontiers le côté poétique des événements. Il apprécia l'effet que produirait sur la nation le prestige de la conquête des contrées riches du souvenir des Pharaon, des Pompée, des César, des Saladins et des princes, religieux aventuriers du moyen-âge. Il ne s'abusait pas. Le vainqueur du Nil, couvert des palmes d'Idumée, allait chercher sur les traces de nos rois, le sceptre tutélaire qui replaça la France au plus haut rang des nations.

Les préparatifs faits secrètement et rapidement, Bonaparte appela Monge, Berthollet et Cafarelli à l'honneur de participer les premiers à cette expédition, à la fois politique, guerrière et scientifique. Un grand nombre d'hommes de science, d'art et de lettres s'enrolèrent à l'envi. On apportera de France tout ce qui sera jugé indispensable; au milieu de peuplades si étrangères à nos préjugés, il faudra s'en faire connaître, respecter et craindre.

Monge, retenu en France par de grands intérêts, n'hésite pas à suivre son aventureux ami. Il était père de famille, et tendrement aimé d'une femme digne de lui par l'esprit et le caractère. Le départ de son mari alarmait madame Monge. Le général la supplia de ne point s'opposer à un voyage qu'il ne pouvait, disait-il, exécuter sans son ami. Il sentait combien le génie de Monge seconderait le sien. Il promit à cette respectable femme de veiller sur Monge, comme sur un père, de ne le point quitter un instant. Le général a tenu sa parole.

Le moment du départ est venu : guerriers, marins, artistes, savants, industriels, artisans, tout un monde en abrégé court à de nombreux périls, sous les auspices d'un guide de vingt-neuf ans. Monge et Berthollet ont, tous les deux, plus de cinquante ans, et livrent avec sécurité leur renommée déjà faite, au sort d'un jeune homme dont la fortune et la gloire sont encore incomplètes.

Embarquée le 19 mai 1798, l'armée n'apprit sa destination

qu'au delà des rives d'Italie. Kléber lui-même l'ignorait.

Monge et Desaix, chargés de réunir les flotilles récemment équipées à Gênes, à Civita-Vecchia, et autres ports, rejoignirent presque à la vue de Malte, l'armée navale, qui, dans sa course rapide, s'empare de cette île, si longtemps redoutée. Son gouvernement chevaleresque est supprimé et, dans l'espace de huit jours, on établit une organisation régulière sur des bases nouvelles. Monge prit une grande part dans ce travail administratif et scientifique.

L'escadre triomphante poursuit sa route et, le 1ᵉʳ juillet, notre armée débarque sur la plage d'Alexandrie, près de la colonne de Pompée. La défense de la ville fut assez bien soutenue, et Monge voulait combattre avec nos soldats. On le força de réserver son courage pour d'autres périls. A peine sur la terre d'Égypte, il observait en habile physicien ce sol, si différent du sol de la rive opposée. Monge et Berthollet, ces deux amis inséparables, désiraient accompagner l'armée. Le général, qui marchait rapidement sur le Caire, crut prudent de faire embarquer les deux savants sur une flotille qui, sous les ordres du chef de division Perrée, devait remonter l'un des bras du Nil jusqu'à Ramanieh. Les eaux du fleuve étaient basses. Souvent les barques s'engravaient et des Mameloucks, des fellahs, des Arabes, accourus sur les deux rives, les attaquaient dans toutes les directions. Ils semblaient de temps à autre, prêts à s'en emparer. Berthollet, quand on s'approchait des bords, descendait et remontait rapidement, après avoir rempli ses poches de grosses pierres. Interrogé sur la cause de cette manœuvre, il répondait : «Ne voyez-vous pas que nous sommes perdus? Ces cailloux m'entraîneront au fond de l'eau, et mort, je ne tomberai pas du moins entre les mains de ces barbares.»

Cependant la position devient périlleuse. Des canonnières descendues du Caire, ferment le passage à notre flotille. Le 14 juillet, entourées de toutes parts, plusieurs barques sont prises et leur équipage massacré. La lutte est terrible; le brave Perrée est mis hors de combat. Monge, d'une haute stature et d'une vigueur égale à sa force d'âme, seconde les marins, dirige les manœuvres, et souvent charge et pointe les pièces d'artillerie. Le cours oblique du fleuve se rapprochait de Chébréys, où se trouvait alors le général, prêt à achever la destruction d'un corps nombreux de Mameloucks. Au bruit de la canonnade, Bonaparte abandonne sa victoire incomplète, et vient délivrer la flotille. Après dix jours d'une marche lente et pénible, elle arrive à sa destination le 21 juillet.

Monge et Berthollet rejoignent le général au pied des Pyramides de Giseh, près du lieu où, la veille, il avait obtenu un glorieux triomphe. A la tête de seize mille fantassins et de quelques centaines de cavaliers de différentes armes, épuisés de fatigue, tourmentés par un soleil brûlant, Bonaparte, le 20 juillet, rencontre Mourad-Bey, qui commande à quarante mille hommes, dont la moitié se compose des cavaliers les mieux montés et les plus aguerris. Les Français se forment en carrés, murailles mouvantes, infranchissables. Pour toute exhortation : « Soldats, leur dit le chef, songez que, du haut de ces Pyramides, quarante siècles nous contemplent. » Les musulmans déploient une valeur opiniâtre, elle redouble et se brise sur des lignes de fer. Au milieu de nos forteresses vivantes, Bonaparte imperturbable, saisit les ressources du terrain, combine les mouvements, observe, prévoit, provoque et surprend les fautes de l'ennemi; à chaque instant, les lignes de Mourad-Bey sont coupées, et se confondent. Cette armée nombreuse, divisée, s'ébranle, se rompt et fuit. Pour nous le péril se change en triomphe.

Une partie des vainqueurs s'élance vers le Nil, et pénètre dans le Caire avec les Mameloucks fugitifs, qui se dispersent à la suite de leurs différents chefs.

Les Français deviennent maîtres de la ville où sont entassées des richesses immenses ; on craignait que, dans le tumulte de l'invasion, le pillage des palais des beys et des cheiks ne privât la France d'objets précieux et rares. Monge et Berthollet se chargent d'en faire dresser un inventaire. Les jeunes ingénieurs de l'École Polytechnique les secondent. Quelques autres de ces ingénieurs lèvent des plans du territoire, en étudient les ressources, déterminent avec précision le cours du fleuve, les niveaux de ses débordements. Ils sondent les deux ports d'Alexandrie, et préludent, par de nombreuses recherches, au grand travail géographique et historique sur l'Égypte entière.

Au milieu des soins et des agitations militaires, Bonaparte conservait le calme du génie créateur. Entouré de savants, d'écrivains, d'artistes, il fonde l'Institut d'Égypte, afin de reproduire sur la terre des Pharaons et des Ptolémées le corps illustre de l'Institut de France, dont lui-même s'honore d'être membre. Cette fondation donna un centre, un appui à la légion savante, qui rendit tant de services à notre armée, et composa une œuvre, digne complément d'une admirable conquête. Monge, le premier, présida cette compagnie. Bonaparte n'accepta que la vice-présidence ; Fourrier en fut le secrétaire perpétuel.

Le général assidu aux séances, y proposa souvent l'examen de grands et d'utiles systèmes. Un curieux spectacle s'offrait dans les réunions de cette Académie. On y voyait assister en amateurs, des Copthes, des Arabes, de vénérables ulémas, qui admiraient une assemblée délibérante, ne s'occupant nullement de religion, de guerre, ou de politique. Ils contemplaient surtout le sultan Kébir, ce héros invincible, descendu de son haut rang, pour siéger en égal parmi des savants.

La révolte du Caire interrompit un moment les travaux de l'Institut ; mais l'ordre se rétablit bientôt par l'ascendant du chef ; la ruine, dont la colonie française venait d'être menacée, inspira au général l'idée de demander à ses confrè-

res, comment, dans un pays sans forêts, on pourrait cons-
truire de nouveaux édifices, de solides habitations, et surtout des vaisseaux ; la compagnie garda le silence. — Je ne
vois en Égypte, dit-il, que des dattiers, dont on ne peut tirer
tout au plus que des solives et de mauvaises planches, et cependant la mer nous est fermée. — Personne ne répond. « Eh
« bien ! reprit-il : l'Égypte n'a pas aujourd'hui et n'a jamais
« eu sur son sol de bois de construction. Les monts qui la
« bordent à l'occident sont nus : il faut donc tirer le bois de
« l'Abyssinie. Là, sont des alpes infréquentées, couvertes de
« hautes futaies ; on jettera des arbres dans le Nil, ils franchi-
« ront les cataractes ; en quinze jours, dans le temps des
« hautes eaux, ils arriveront ici, nous aurons des poutres pour
« nos bâtiments, des mâts pour nos vaisseaux. Les Pharaons
« n'ont pas fait, n'ont pas dû faire autrement. »

Tous les assistants, et Monge surtout, furent transportés
d'admiration, personne ne savait encore combien était fondée
cette inspiration du génie. Mais à quelque temps de là,
M. Jomard, qui par ses connaissances variées, a rendu d'im-
portants services à l'expédition, copiait dans les monuments
de Thèbes, des bas-reliefs, qui représentait un guerrier égyp-
tien, faisant abattre sur une montagne de grands arbres par
des peuples vaincus.

Bonaparte résolut de se porter à Suez, afin de connaître le
port et la navigation de la mer Rouge, et surtout l'isthme qui
sépare cette mer de la Méditerranée. Son génie combinait
déjà les avantages immenses que la France et l'Europe entière
retireraient, en ouvrant en ce lieu le passage des Indes; il re-
chercha lui-même les vestiges du canal, qui, dans l'antiquité,
joignait le Nil à la mer Rouge. Accompagné de Monge, le général chevauchait à travers des flots de sable, leurs chevaux
s'y enfonçaient à mi-jambes. Tout à coup il s'écria : « Monge,
nous sommes en plein canal. » Les ingénieurs appelés, recon-
nurent en effet le lit du bras du Nil qu'on avait jadis dirigé

vers le golfe arabique. On voit que le percement de l'isthme de Suez n'avait pas échappé à l'homme dont le génie formait déjà le vaste projet qui s'exécute aujourd'hui, à la satisfaction de presque tous les peuples.

Bientôt on apprit que la Turquie, excitée par les Anglais, envoyait une armée en Syrie; pour prévenir son attaque, Bonaparte se porta rapidement sur Saint-Jean-d'Acre avec l'élite de ses troupes. Pendant le siége mémorable de cette ville, que les Anglais soutenaient du côté de la mer, la peste frappa les assiégés et les assiégeants. Une fièvre pernicieuse atteignit Monge. Le général, attentif à le visiter, le consolait, veillait souvent à son chevet; il le fit même coucher sous sa tente, pour lui assurer tous ses soins. Une nuit froide fit craindre au général que son ami en ressentît l'influence; il se leva doucement, se dépouilla d'une couverture, et l'étendit sur le lit du malade, qu'il croyait endormi. Enfin, Desgenettes sauva la vie de Monge.

Bonaparte ramena au Caire le reste de son armée; il voulut, par des manœuvres habiles, tromper les indigènes sur le faible nombre des Français; il affecta une marche triomphale, et fit couronner ses soldats des palmes de l'Idumée.

Au commencement du mois d'août, au moment où deux commissions se préparaient à explorer la haute Égypte, une rumeur soudaine annonça le départ du général en chef, rappelé, disait-on, par les revers de l'armée d'Italie, et par l'anarchie républicaine. En effet, le 12 août, à dix heures du soir, Bonaparte, accompagné de ses principaux officiers et de ses deux amis, Monge et Berthollet, sort du port d'Alexandrie, sur le MUIRON, petit vaisseau vénitien, récemment équipé, suivi de la corvette la CARRÈRE, que monte l'état-major. Ainsi, à travers les flottes ennemies, s'aventure cette faible embarcation, qui porte les destinées de la France et du monde.

Un incident qui tient du sérieux et du comique, doit ici

trouver sa place, parce qu'il offre une preuve de plus de la bienveillance de Monge.

Le jeune Parseval Grand-Maison, qui avait suivi comme lettré, cette grande expédition, éprouvait un douloureux ennui de la terre natale. Désespéré de ne pas être compris dans le petit nombre des Français ramenés par le général, il s'échappe du Caire, arrive, avec une incroyable vitesse, au port d'Alexandrie, au moment même où le second vaisseau levait l'ancre ; il l'aborde et s'y glisse furtivement. Bientôt il est découvert. Le général s'irrite et veut le traiter en déserteur. Monge prend intrépidement la défense de Parseval, qui, dit-il, attaqué d'une nostalgie mortelle, n'aurait pu y résister ; il invoque aussi le talent du poëte, auteur, ajoute Monge, d'un poëme sur Philippe-Auguste, dont il a déjà composé douze mille vers. « Bah ! s'écrie Bonaparte, il faudra donc douze mille hommes pour les lire ! » A ces mots, les assistants poussent un grand éclat de rire, le chef sourit lui-même et voilà le déserteur pardonné.

Cependant la flotille cingle à pleines voiles. Mais à l'horison on découvre des vaisseaux ; on craint qu'ils ne soient détachés de la flotte anglaise. « Si nous devions tomber au pouvoir des Anglais, dit Bonaparte, quel parti faudrait-il prendre ? Nous résigner à la captivité sur des pontons ? Impossible ! » Tous les assistants restent silencieux. « Il faudrait, reprend vivement le général, il faudrait nous faire sauter !... — Oui, s'écrie Monge, c'est notre unique salut ! — Eh bien ! dit le chef, je vous charge de cette mission. » Monge répond : « Je vais à mon poste. » Cependant, les vaissaux redoutés approchent ; ils sont neutres ; ils continuent leur route. On cherche Monge : il est aux poudres, une mèche à la main. Après de nombreuses alternatives d'espérance et de crainte, on aperçoit enfin s'élever les côtes de France ; et l'héroïque flotille entre au port de Fréjus le 9 octobre 1799. Le même jour, la commission envoyée jusqu'aux Cataractes, revenait au Caire, riche de curieuses trouvailles, faites dans les ruines de

Thèbes, et dans les profondes excavations que Jomard nomma si justement, les *hypogées*. L'influence de Monge agissait encore sur ses courageux compagnons. C'est sous l'inspiration de cet homme de génie, que les membres de l'Institut d'Égypte composèrent le grand ouvrage dont Fourrier eut la gloire d'écrire l'éloquente préface. Le ministre Chaptal et le roi Louis de Hollande, qui avait suivi son frère en Égypte, favorisèrent cette vaste publication [1].

Monge reprit à Paris ses travaux scientifiques, et sous les yeux du chef de l'État, continua à rendre des services à la science. Il faisait constamment succéder aux leçons de géométrie, d'analyse, de physique et de calculs, des entretiens particuliers qui le rendirent l'ami des jeunes savants qu'il dirigeait. C'est alors que son profond discernement qualifia les études mathématiques de logique en action. L'empereur, qui appréciait les hommes, et savait se souvenir des services, offrit à Monge les distinctions les plus flatteuses.

L'illustre géomètre voyait dans le prince la gloire et la prospérité du pays, il ne l'aimait que parce qu'il l'admirait. Jamais il n'eut recours à lui dans un intérêt personnel. L'empereur apprécia cette délicate réserve d'un ami qu'il n'aurait jamais refusé.

Dans une soirée aux Tuileries, Napoléon obsédé par un entourage de mendiants dorés, aperçut Monge à l'extrémité du salon ; il l'appelle, et d'une voix à être entendu de tous les courtisans : « Monge, vous n'avez donc pas de neveux ? vous, qui jamais ne me demandez rien. »

Bientôt cependant, il prévint l'empereur qu'il oserait lui demander une somme assez considérable. « Voyons ? lui répondit-il, avec cette grâce qui annonce déjà le bienfait. — Sire, pour fonder un établissement utile à la science, Berthollet, qui a moins bien combiné ses ressources qu'il n'a coutume de combiner ses mixtions chimiques, est resté débiteur de plus

---

[1] M. Jomard l'a habilement dirigée pendant 25 années.

de cent mille francs. — Je penserai à cela, répond l'empereur. » Le lendemain, il envoya à Monge quatre cent mille
francs, avec ce mot de sa main : « moitié pour lui, moitié pour
vous ; car on ne vous a jamais séparés. »

Placé à la tête de l'École Polytechnique, président du
Sénat, membre de l'Institut, grand aigle de la Légion d'honneur, comte de Péluse, titre rappelant les services du savant
rendus sur les lieux destinés à réunir les deux mers, Monge
jouit en sage de l'amitié d'un grand homme, et des avantages
de la fortune et de la célébrité. Mais tout bonheur, toute gloire,
doit s'expier par la souffrance. D'affreux revers changèrent
la face de l'Europe. A la chute du grand empire, la France,
restreinte à de plus étroites limites que sous l'ancien régime,
fut soumise à un pouvoir qui tint éloignés les personnages il-
lustrés depuis vingt ans, par la guerre, les sciences ou les arts.
Pourtant Louis XVIII à sa première rentrée, avait proclamé
l'oubli du passé, sage imitation de *l'acte d'oubli* de Charles II.
La seconde restauration fut moins modérée ; on se souvint que
l'ami de Napoléon, le savant Monge, avait été ministre sous
le régime conventionnel. Louis XVIII, qui aimait à favoriser
les sciences et les lettres que lui-même se piquait de cultiver,
raya de la liste de l'Institut de France Monge et un grand
nombre de lettrés et de savants célèbres. Cette mesure
frappait l'Institut tout entier. L'outrage fait à un corps
respecté de l'Europe, fut condamné par la raison publique. On ne concevait pas qu'un prince ami de la littérature,
consentit à dépouiller des savants, des hommes de lettres,
des artistes d'un titre inhérent à eux-mêmes, fruit d'une
intelligence dont tout le monde a recueilli les bienfaits.
Le rang de membre de l'Institut n'est pas une fonction, un
emploi, une mission de l'autorité suprême ; ce rang est la
consécration du talent par le talent, de la science par la
science, du génie par le génie ; c'est, en un mot, une transfor-
mation, une individualité nouvelle dont le caractère est indé-

lébile. Quelle autorité peut donc arracher un homme à lui-même et le condamner à n'être plus l'auteur de ses œuvres?

Monge, séparé de ses émules de sciences, banni de cette École Polytechnique où il voyait sa gloire briller de nouveau, dans les succès de ses élèves ; Monge, âme énergique, mais facile à déchirer, ne put supporter ni l'outrage de l'injustice, ni le deuil de la patrie ; il en adoucit quelque temps l'amertume, en relisant dans sa mémoire les belles pages de sa vie, et, comme le guerrier abattu sur le champ de ses exploits, il s'environna de ses armes glorieuses. Hélas ! ne poursuivant qu'à regret sa route douloureuse dans un monde où tout lui était devenu pénible ; quoiqu'environné des soins de sa famille, il ne résista plus aux assauts d'un désespoir qui bientôt brisa les ressorts de sa sublime intelligence. Absent de lui-même, étranger à son propre génie, enveloppé dans une mort vivante, l'illustre géomètre cessa de souffrir le 28 juillet 1818.

Il ne laissa que deux filles : l'aînée épousa M. Marey, membre des assemblées nationales. La seconde fut mariée à un député influent du Corps législatif, M. Eschasseriaux. Le fils de l'aînée, le général Marey, fut autorisé à joindre à son nom le nom de Monge, et depuis peu l'empereur lui a accordé le titre de comte de Péluse, afin de perpétuer dans sa famille le souvenir des services rendus à la science par l'immortel ami du vainqueur de l'Égypte.

Paris. — De Soye et Bouchet, imprimeurs, place du Panthéon, 2.